만인시인선 · 34

능소화 붉은 집

권세홍 시집

능소화 붉은 집

만인사

자서

나에게 시는 세상을 바라보는 창이다. 지난 세월 여타 삶에 바쳐지고 남는 시간에 얕은 독서와 생각, 잠깐 잠깐의 여행으로 닦아온 시의 창. 자주 들여다보고 닦지 못해 시여, 미안하다.

과학과 종교의 도그마로 풀리지 않는 세상의 기미를 읽는 시, 우주적 상상의 시, 창조적 통합의 눈과 마음의 시를 위해 다소 늦어진 걸음이나마 오래 걸어가리라.

변변한 거처조차 없었던 내 시들에게 아담한 집 한 칸 마련해준 송재학, 박진형 두 형의 우의에 큰 빚을 졌다. 올 초 천국으로 이사 가신 어머님께 이 부끄러움을 바친다.

2009년 초여름에

안동 우거에서

차 례

차 례

2

3

차 례

차 례

1

무릉 풍경

비 그치자 무릉 들판에
회나무 한 그루
웅숭깊게 서 있다
검은 묵주의 새떼 쏟아져 나와
저녁 속으로 박히고
한 줌 그림자로 바뀐 회나무
산비탈 오두막에는 오랫동안
노을 다스려온 노인이
회나무 그림자에 막 궐련불 당긴다
이런 날 밤에는 남정네들 꿈에
가근방에서 色 잘 쓰는
노을도 찾아들 것이다

능소화 붉은 집

낯선 골목에서 만난
한 때 살았던 것 같은 그 집
원이엄마 편지* 행간을 물들인
능소화 붉은 꽃그늘처럼
서까래나 아자문살에
경어체 옛말이 묻어나는 집
반쯤 열어둔 대문으로
바람이 들락거려도 짖지 않는
늙은 개가 사는 집
주인이 집 비운 사이
노을이 회벽에 마음껏 덧칠해도
능소화처럼 잠시 붉어지기만 하는
그 집

---

* 안동시 장상동 무덤에서 발견된 420년 전 사대부가 부인의 언문편지. 젊어서 죽은 남편에 대한 애절한 사랑을 담고 있다.

세한도

바람 찬 날
한 그루 푸르름으로 일어서라
마른 이파리 겨드랑 아래 감추고
저 칼바람 앞에 서라
땅과 하늘에 반반씩 묻힌
연약한 육신이여,
믿었던 땅에
서릿발 깊이 내린 밤
나무는 선 채로 숨 끊어지고
그 무모하고 푸르던 넋
한 소절 노래로 풀어
다시 바람 앞에 서라

가송 지나 청량산

佳松, 그 이름에 풍경 포개지고
풍경에 내 마음 포개지고

풍경 속
노루 뒷간만한 정자 하나
눈에 밟히고 밟히다
그 자취도 영영 쓰러지고

봄 가고
여름 가을 가고

겨울 지나
가송 지나
청량산

默溪를 찾아서

그대 야트막한 언덕 위
默의 누각에 오르시지요
멀리 삼 타래 같은 물굽이가 보이거든
묵계, 입 안에서 녹여 보세요
여울의 입조차 다물게 했던
저 오래되고 단단한 묵의 마을
빗장 열고 안채까지 둘러보기보다
동수 저편 어스름에 몸 묻는
만휴정의 적막 눈여겨 보시지요
어둡도록 강이 흘리는 경을 듣다
묵의 빗장 내리는 소리, 그대
강의 경전 상이 실어 가듯
적막 아닌 것, 부스러기라도 거두어
이제 묵계를 떠날 시간입니다

매화 안부를 묻다
— 퇴계가 남명에게

도산의 봄은 짧고 적막하던 차
遊頭流錄* 행간 만 근 종소리에
화들짝, 춘곤이 달아납니다

언 발 녹아 덕천강 절뚝거리고
산천재 여백에도 뚝 뚝
남명매 붉게 묻어날 텐데

봄빛 두류산 첩첩 가슴 열듯
그대와 梅兄 더불어 산천재 뜨락
꿈에라도 붉어질 날 언제일까요

---

* 1558년 4월 남명이 벗들과 보름간 두류산을 유람하고 난 뒤 남긴 지리산 답사기

병산에 이르러 길은 끝나고

가던 길
문득 끊어지고
칠척질척 진창길
낮달 한 입 베어 문
산굽이 돌아
그대 병산에 와 보시라
길은 서원 앞에서 멈추고
오는 동안 수고했다고
앞마당 가득 목백일홍꽃
길이 끝나고서야 솟은 병산
만대루 계자 난간에 기대
물 위에 뜬
병산 건져 보시라

수곡리 물소리

저녁 어스름의 수곡리
물소리 한 번 절창이다
한들에 피고 지는 풀꽃들
이름과 향기 모여 꿀이 되고
물푸레나무 가지에 얼룩얼룩
푸르른 달빛

며칠째 아궁이는 불을 내뱉고
벌들만 앵앵 구급차처럼 분주한
저 물빛 고운 동네.
이제 어디쯤 왔을까
적막한 소문의 물소리
저 골짝 삼킬 낯선 물소리

물 밑

수면을 거울 삼아 물 밑에도
또 하나의 세상 물 밖을 내다보겠지
수련처럼 꿈 키워 고개 내밀듯
물 밑 그리면서 물풀같이 말간 그리움
마음 바닥에 가는 발 내린다
구름도 산도 무시로 내려와 햇빛 쬐다 간다
벼랑에서 뛰어내린 길 더러 물 밑에서
당면처럼 풀어진 옛 길과 만난다
누구도 제 발자국과 동행할 수 없는 물 밑
그래 물 속으로 떠나는 사람은
가지런히 신발 한 켤레씩
물가에 벗어두고 가는 거지

올레길, 中道

제주의 길은
한라산 산록을 오르다가
西歸로 돌아온다

오래 전
중섭의 꽃게 놀던 서귀포 앞 바다,
이왈종이 쪽빛 안료 풀고 있다
제주 바람에 절은 화폭에
이 시대 인간과 흘레붙은 갖가지 것
모여 진경을 이루었다
젊잖은 돌하루방도 자주
수염 그려 붙이고 놀다 간다

中道,
제주의 새로운 올레길이다
삼라만상에 마음 앗기며
스스로 미분화와 혼란의 有情인 채
그 가운데로 열어가는 길이다

모든 나무 그늘이 보리수 아래,
퍼득이는 물고기와 풀꽃이 도반이다

갈수록
넓어지는 화폭의 변두리
그 길은 어디까지 가나

안동 친구

하늘과 땅 사이
목숨이 꽃다운 봄날이면
옛 친구 생각.

오도독 날밤 깨물며
고향 산빛 한 자락쯤
호주머니에 넣고 다니던 친구,
태백에서 굽이쳐 온 낙강의 서슬 친탁하고
日月의 산그늘, 반변천 외탁하여
매운 객지 바람에도 어엿하기가
겨울 자작나무 같던 친구.

이 봄도 잘 녹은 물소리되어
선어대 앞 흘러가고 있을라나
마뜰 자욱 아지랑이로 오를라나
말끝마다 껴껴 찰떡처럼 들어붙던
그 친구.

꿈에서도 가을해는

가을이 몽당 빗자루만큼 남았든지 꿈에서도 귀뚜리 비브라토로 울었다 이쪽 방엔 술자리 노래 추렴 이어지는데 누군가 차례 되어 바위고개 언덕 혼자 넘다가 옛—님이 그리워 하도 그리워 박자 음정 엇갈려 안타까운데 문득 미달이 저쪽 청아한 소리 허덕이는 고갯길 잡아주었다 마흔 아홉 고갤 쉬엄쉬엄 노래로 넘는 임병호 시인이었다 미달이 너머 가을빛 이내 스러졌다

아카시아 봄산

바람 분다 저 산

흰 고름 나부끼며 바람 분다

밤새 꺼지지 않는 매운 향

어질어질 마실 나서는

저 봄산

2

한낮

아침 먹고 여나므 고랑 점심 먹고 여나므 고랑

산그늘도 비운 한낮 허기진 열두 고랑

뒷간에 간 서방은 곶감 빼고 오는지

밭고랑에 후두둑 산벚꽃 비 내리도록

저 혼자 뚝뚝 돌배꽃 지도록

이사

까치처럼 소슬하게 고층 아파트로 이사 오던 날, 이웃의 수인사 이중자물쇠로 잠그고 거실에 묻어나는 흙내음 진공소제기로 빨아들인다

제길헐, 골목에 감꽃처럼 뒹구는 아이들 사투리소리 철조망처럼 잠 긁아대고, 새벽 뇌리 가르며 앞집 제재소 전기톱 백두산 원목 두 동강 내고 있다

소슬하기는 영 글렀다 전기톱 모닝콜에 깨어 원경으로 강의 안색부터 살피고, 골목길 이웃 사투리 감꽃 삼아 줍는다

4월, 우포늪에서

가시연 노랑어리연 부레옥잠
수면 아래 환생을 꿈꾸는 4월,
온갖 날것들도 하늘을 비운
수십만 평 적막의 냄새

제방길 너머
고요의 도가니 속으로 쪽배 저어
저 無量을 향해 나아가는 저들,
莊周 내외 아닌가

진흙 연못의 사내

산을 울 삼아 오두막 세우고 비뚜루 하루 두 번 연기 올리며 반질반질 마당 닦아 짐승들에게 모이와 햇볕 나누면서 일생 저 초록 들판으로 오체투지한 사내. 신갈나무 얼굴과 목덜미, 흙빛 피부는 보호색이 아니다 작은 비에도 길은 병아리들처럼 흩어져 달아나고 이제 신갈나무 땅에 새 길을 닦지 않는다

이번 비로 몇 마지기 땅과 길 서너 토막을 잃었다 세상으로 나가는 길 아깝지 않으나 절뚝이며 연못 둘레 돌던 오솔길이 다쳤다 수련 몇 포기와 잘디잘게 햇살을 부숴 담은 진흙 연못, 못가에 묶어 둔 오동나무 한 그루는 그의 음택이다 옹관 주둥이가 깨져 속이 넘쳤으니 짐승들과 몇 끼를 굶었다

구부정 늙은 길 오동나무에 걸터앉는 꿈, 나무에 들어 누군가의 마음을 뜯고 싶은지도 모른다 5월이면 장엄한 보라색꽃 늦가을엔 너른 잎 서걱서걱 그 마음 안

마당에 내리고 싶은지도 모른다 꿈이 지극해지는 날,
늙은 길은 장닭같이 땅을 박차고 오를 것이다

눈 내리는 적소

눈이 오네요, 시공이 모두 謫所입니다

눈밭 위에 꼬물거리는 검은 아랍 글자들, 석탄열차가 기억 속의 궤도를 더듬어 가네요 하구엔 서걱서걱 갈대의 책장들이 먼 바다 소식 적고 있습니다 눈발이 지상에 잠시 流謫하기에 저 나무만큼 편안한 의자가 있을까요 이따금 목덜미 털면서 젖은 짐승처럼 나무들은 선 채로 적막의 무게 견디고 있습니다 그레고리아 챤트풍으로 밤은 깊어가고, 반복되는 후렴 속에서 또 생은 견디며 밝아옵니다 아침 햇살 잘게 쪼개는 덧문 밖으로 저기 흰 산 건너는 송전탑들, 미지로 향하는 선교사들 걸음발 같지 않나요 어깨 펴고 환하게 웃는 나무들의 그늘에 덧니처럼 희끗희끗 잔설이 빛나고 있습니다

눈 그치자 도처에 당신이 환합니다

눈길을 걸으며

눈 내리는 새벽엔 잠도 발목 깊이로 자박거렸다 귀시리게 첫 두레박 내리는 소리 봉창 밖은 달밤인 듯 환한데 댓돌을 내려 우물 뒷간 부엌을 검게 박음질하는 할머니의 발자국들, 걸음 따라 세수하고 뒷간 가고 학교 가고 대처로 나가고

다시금 눈 내려 쌓이는데
또 누가 희붐한 눈길 홀로 나서는데
그 앞에 찍힌 또 다른 누군가의
발자국들

차마고도

설산 지나
저처럼 높고 아름다운
길이 있었네

설산이 녹아
흐르는 강은 깊고 차
외줄에 나귀와 함께
매달려 가네
협곡 건너 설산 넘어
이번 생은 끝이라네

저 강 건너면
나귀와 마주 앉아
쓰촨의 차를 마시리

설산의 몸에
아픈 칼자국 내며
외롭고도 높은 길이
가고 있었네

작설차

저녁상 물린 西天에
구기자빛 처연하고
개 꼬랑지 쓸고 가는 고샅길로
그리움 그렁그렁 차오른다
그리움이 끓이는 물사발 속
마른 풀 서걱이며
가을길이 가고 있다
이 저녁 그대 끓이는 길에도
세 벌 찻물로 우려내리는
푸른 달빛

황혼 연가

저물녘
강은 흘러 몇 만 리
그대 생각한다

풀빛 어둡도록
새떼소리 우거지고
아직 저물지 못하는 저 새들
강물도 시름으로 노 저어 감을 아는가
불붙은 노을의 소맷자락으로
이 저녁 퍼포먼스도 끝나
내 몫의 어둠 껴입고 돌아오는 길
그대 꿈 헤집듯 풀섶에서
개달개비 한 송이 따
입에 문다

저 물 따라 저무는
이 밤도 그대 생각
또 몇 만 리일까

죽방렴

눈 먼 파도 밤새도록
초승달 해안 모래 문 두드린다
창선항 횟집에 빈둥거리며
봄바다 후려내는 저 사내
푸른 대나무 울 속으로 숨어드는
은빛 멸치 떼 좀 보소

때로 은갈치도 다시 찾는
첫사랑 대숲길 끝
남녘바다

하늘 연서

한나절 텅 비워두고 그대 부친 구름편지만 읽었지요. 그저께 보낸 바람 며칠을 칭얼대다 내 마음 수평에 잠시 잠들었어요. 한 차례 저녁비 뒤란 토닥이더니 어느결에 고운 버선발로 노을집니다

사막같이 서걱대는 혀엔 나무 그림자 길게 누웠습니다 선 채로 떨기불꽃인 측백나무, 나는 맨발로 검은 불꽃 가운데로 걸어가고, 먼 하늘 그대 들창 닫는 소리 들립니다

3

탁발

이 새벽
바랑도 없이 먼 길 떠나는
새떼여

오늘은 어느 숲에서
경전 읽고 한 끼 구하나
수행자는 저자에 몸담지 않고
말씀으로 걸식하는 것을

시인이여!
그 바랑 무겁구나

시 점심

집사람은 외출하고
늙으신 아버지와 겸상한다
공기밥에 구운 김 몇 장,
간장 종지 하나
그냥 먹기도 뭣하고
간장 종지로 운 뗀다

—찬장에 숨겨둔 네 어머니 눈물 단지
—저 히말라야 설산에 깊고 깊은 소금샘
—네 조부 밭에 내시던 오줌 단지, 그 어깨죽지 지린
  웃음
—솔트레이크의 검은 애수
—발효차 한 잔
—발, 효, 차, 발 효……

제가 설거지하지요

내 시는

생가의 西向에 빛지고 있다
오정이나 되어서야 마당들이
지붕 그리매에서 풀려나던 음지마을,
마을 어귀에 정자 세우고
계자 난간에 앉아 입향조는
서녘 하늘에 무얼 적었을까
모서리 난간에 말 타듯 걸터앉아
나는 또 왜 건너편 賢皐마을*
해 지는 풍경 오오래
바라보았던 것일까

내 시는
말없는 돌碑들의 음각,
西向에 빛지고 있다

---

* '현자의 언덕' 이라는 영천시 화남면의 마을 이름

가을 편지
— 어머님 전상서

시월 못둑에 우묵우묵 풀 우거졌습니다 못물은 저 혼자 종일 텅 빈 생각에 깊어가고 뒤늦게 찢어내는 달력장처럼 미처 떠나지 못한 발목이 수초에 붙잡혀 있습니다 잡은 손을 놓아야 할지 망설이는 못둑에는 해마다 문간방을 손질하는 어머니 계십니다 계절이 마주치는 어스름 사이 꽃망울 터지고 한 해의 열매들은 더 낮은 곳으로 껍질을 벗어 던집니다 아들의 정원에도 탁,탁 씨방이 열리며 사방으로 꽃씨 흩뜨리고 있습니다 사방으로 흩어지는 것은 바람의 힘일까요 그들 자신의 꿈일까요 시월 못둑에는 늙은 미루나무 둥치를 저녁 안개가 어루만집니다 수로로 또 한 해의 못물이 흘러들고 들판에는 그리움 자욱하게 일고 있습니다 못 속에 영원한 어머니 한 분 모셔 둔 채 또 한 해 꽃이 뚝,뚝 지고 있습니다

겨울나무
— 아버님 전상서

우듬지에 까치집 한 채 무등 태우고
간밤에 이파리의 남은 수사마저 털어버린
저 겨울나무,
흙 담벼락에 간결한 운필로
새해 휘호 쓰고 계신다

박수근 그림처럼 따뜻하고 경건한

낡은 옷

긴긴 겨울밤 예사로
빨랫줄에 동태처럼 얼었다
녹아 본 적 없는 옷은 모른다
혼절한 채 잿물솥에서 나와
매자국마다 빼곡 차오르던
비린 삶의 풀내음

너덜너덜 닳아 헤진
상처에 또 다른 상처 덧댄
단벌로도 넉넉하게 가렸던
삶의 한기와 누추를

이젠 장롱 속 깊이
손자 보듬듯 좀약을 품고
첩첩 박제된 세월로 개켜진
낡은 옷 한 벌

어머니

늙은 아버지를 변호함

밤마다 처녀들 꾀어내던
바람둥이 가설극장처럼
월요일 밤 열 시 TV 앞에
노인들 불러앉히는 가요무대
뉘엿한 조명 아래 눅눅한 무대
구부정 야윈 그림자가 하나 둘
노인들의 망가진 달팽이관을 밟아
먼지 덮인 기억의 회로로 내려갈 즈음
아래 위층 인터폰이 울려댄다
이청승과 촌티의 소음 어쩐 일이냐고,
이 세상에 이민 왔다 곧 돌아갈 목숨들
같이 늙어가는 노래와 더불어
주 일회 목청 한번 돋우기로서니

열린 음악회 보시다가 아버지 촌평하신다
—저 사람 조만간 가요무대에 서겠는데
—노래는 잘 하는데 아직 경륜이 좀…
아들이 옆에서 거든다

풀씨처럼 즐거워라

마음도 풀, 풀
풀씨처럼 가벼이 날리는
5월이 가기 전에
네 가슴에 엽서만한
창 하나 열어라
마음이 눅눅한 날
손가락으로 낙서도 하고
때로 조급한 손님이 찾아오시면
그 창에 달님 해님 모셔라
달님 윙크 한 번에 한 달 가고
해님 마실 한 바퀴에 일 년이듯
너의 시계는 하늘이 맞추고 계신다
눈부신 오월의 아침이면
하늘의 자명종인 새떼들이
고운 부리와 날개짓으로
말갛게 닦아줄 엽서만한 창,
창 하나 열어 즐거워라
사랑하는 아들아

추억은 햇반처럼

저녁 이내가 상보처럼 마을 덮으면
우리도 밥 지어요, 굴뚝마다 연기를 갈아 꽂았다
노을도 타다 아궁이 속으로 저물고
구수하고 뜨신 저녁 가마솥 주위로
개나 소, 사람이 모두 둘러
오감의 저녁을 경배했다

스무 살 이후로 밥의 추억이 없다
훈김 서린 봉창으로 저물던
저녁은 다시 오지 않는다
장엄하게 타오르는 노을 앞에서도
추억은 햇반처럼 녹을 줄 모르고
더 이상 사람도, 소나 개도
저녁 앞에 무릎 꿇지 않는다

가을, 그 식물적 환기

이맘때쯤
나무는 그 아픔을 어떻게 채색하는지
풀이나 꽃은 또 어떻게
한 해의 그리움을 갈무리하는지 몰라
수목 산등성이 타고 서리 내리면
자욱한 넝쿨들은 차례로 매듭을 풀고
가느다란 꿈의 잎맥에 불을 지핀다
연기도 없이 타오르는 다비
저기 총총히 나서는 일주문 너머
열기조차 두려운 깜깜한 절벽 아래
감추어둔 넝쿨, 그 질긴
목숨의 밧줄이여

4

淸福이여

묵은 해 바알갛게 태워 보내고
새로 홍시빛 햇덩어리 들춰업는 저 산봉우리,
거기 산비알에 허리 굽은 청솔
세월의 담장에 한쪽 팔 걸치고 섰네
때마침 달력 막장 넘어가듯 휠, 휠,
두루미 한 마리 두 마리 날아오르는데
그래, 새해 꼭두부터 무얼 더 바라
조금은 서늘하고 외로운 꿈에 헹구어
나의 이목은 저 겨울산 이마 같아라

다시 범물못에서

삼한사온 겨울 하루
흩어진 몇몇 친구 불러
못가에 불 피우고 놀았던 기억 나
범물못 물어 다시 찾았다
쩡 쩡, 우리 청춘을 결빙하던 못은
금간 함지박처럼 물을 쏟아버리고
사방 아파트로 울 치고
바닥에 연탄재만 쌓여 있네
쩡 쩡, 삼한사온 따라
얼음 갈라지던 소리
쩡 쩡, 얼음소리 따라
마음 갈라지던 소리
환청처럼 들리는 못 터에 서서
콩알같이 흩어진 친구들 다시 모아
이젠 어디서 불 피워야 하나
우리에게 이 못의 연고권이 있을까
잠시 생각했다

장마 그치고

장마 쫓아 보낸 손이
오늘은 하늘을 높푸르게 밀어올리고
흙물이 씻겨 나간 구름들
눈부신 빨래처럼 펄럭이고 있다
붉은 물 빠지자 강심엔
몇 십 리 물길에 실려 온 바위들,
엉덩이 배꼽인양 드러낸 채
강바닥에 코 처박고 있다
당분간 저 자세로 견뎌야하나
언제쯤 얼굴도 손발도 없는 몸으로
둥글게 닳을 수 있을까, 닳아서
먼 어느 장마에 두둥실
배 띄울 수 있을까 몰라

흰 목덜미

강가 모래밭을 걷던
그 목덜미 희고 맑아라
모래는 미숫가루처럼 보드라웠고
그대의 성정 또한 그랬으리라
버드나무숲에서 펼쳤던
강은교나 오규원의 시집, 누구였든지
눈부시게 푸르던 청춘이었으리
하얗게 증발하던 책장 위로 일렁이던
나뭇잎, 스무 살의 기쁨이나
슬픔도 따라 일렁거렸을 테지
어느새 모래밭에 길게 해 저물자
잘못 저지른 아이처럼 서둘러
버스 종점 쪽으로 가던
그 목덜미,

거슬러 오를수록 맑고 고운
기억도 저 강물 같아라
30년을 갈앉았다 불쑥

솟구치는 흰 목덜미
침향이여

괘종시계를 추억함

1
댕댕
시간이 늪처럼 흐르지 않던 시절
우리 청춘의 저음부를 울리던
그 늙은 괘종소리
댕댕댕
대청을 밟아 섬돌을 내려
골목 어귀까지 따라오던
느린 이명의 소리

2
한때 시간의 성에는
목관 속에 노인 한 분 계셨지
해종일 두 팔 돌리면서
밥 달라고 칭얼대던 그 치매노인
언제부터 그 노인 보이지 않고
시간은 손자에게 맡겨졌다
이제 밥을 주지 않아도 가는 시간

나날이 빨라지는 시간의 걸음
따라가기조차 힘들다

램프와 흔들의자

우리에게 램프는 없다
닦아 둘 등피도
그을음도 없는 밤,
수줍게 마중 나오던
그 떨리는 불꽃도 없다
대낮과 칠흑의 어둠 사이에
on/off,
우린 작은 단추로 갇혔다

밤새 도둑눈에
어제를 말아 올리던
셔터가 고장이다
하룻밤 적설에도 망가지는
생의 흔들의자에 앉아
오지 않는 처녀의 밤
그 떨리던 불꽃을 위해
램프를 닦는다

진료일지

겨울이 오기 전에
서둘러 몇 가지 병명을 기록했다
더러는 봄을 기약하며 배웅하고,
더러는 다시 못 볼 마음으로
따로 그 넋 검은 보자기에 싸서
혼자 강물에 뿌렸다
게 중에는 알고도 모른 체
또 더러 아무 것도 모른 체
삐거덕거리는 달구지처럼
그들의 마지막 겨울이 될
터널 속으로 걸어갔다

봄을 맞은 진료실 구석
죽은 듯 먼지를 쓴 분재 하나
연두빛 쌀알같은 불을
가지 끝에 켜고 있었다

청동의 눈물

이 길이 한산하던 시절
열대 여섯 살의 첫눈을 맞으며
우린 그 앞에서 사진을 찍었다
까닭 없이 스산하던 날들,
이끼처럼 그 둘레 돌며
때로 청동의 눈물 함께 흘리던
저 동상을 배경으로

이 길에 차들이 밀리자
차 안에서 먼 바라기로
우리는 저 동상을 차츰 잊어 갔다
사진 속 첫눈이 누렇게 변색되고
서로의 건강 염려할 나이가 되자
동상은 변두리 노인공원에 옮겨져
만년 푸르고 푸른 녹 쓴 채
우리의 기억에서 아득히 사라졌다

벼랑

더 이상
데리고 오를 길이 없는 곳
벼랑은 위태롭게 꺾였다
벼랑 끝 굽은 솔은
바람의 체위다
벼랑 냄새에도 바람은
저리 가볍고 즐겁다
벼랑길에 묶인 정자도
스스로 담장 헐 것이다
더 나아갈 끝이 없어
벼랑은 맘껏 허공을 던진다

5

밤산

금실 좋고 근검하셨던 증조부모님
자손들 성묘길에 단골 화제다
낮엔 밤농사, 밤엔 자식농사
자손이 벋어 앞 뒷골 넘쳐나고
밤숲이 빼곡 선산을 덮었다
멀고도 낯선 저승길에
밤만한 요깃거리 없다면서
상여에 햇밤가지 얹어주시던 어른

해는 늘 가래실산 가르마로 기울고
햇볕 노릇노릇 밥사발 같은 봉분들,
찔레 싸리 조팝꽃 흐드러진 길로
시장한 자손들 귀가를 서두르는데
범보다 무서운 게 허기라며
묵은 밤송이 던져주시는 증조밤나무

소리 한 상

부정기 배편처럼 돌아와 지친 몸을 매던 어머니 곁, 그 곁이 사라진 빈 집의 잠은 차라리 하룻밤 체벌이다 징징 보채는 냉장고, 우두둑 장롱과 식탁이 번갈아 늙은 관절 꺾는 소리, 주인의 무게를 기억하며 마룻장은 곰삭은 울음 밤새 삐걱거린다 생전에 기르시던 소리들 하룻밤 代哭하고 있다

자박자박 자르르
희붐하니 얕은 새벽잠 흔드는 소리,
몽돌밭에 물 드는가, 아니
어머니 쌀 씻으신다
맏상주 허한 속 채워주시려
생전처럼 정성스레 아침 한 상,
소리로 차려 주시나보다

할미강 抒情

서정시 한 편 들고 내 놀던 옛 동산 찾아왔지요 할미강 굽은 허리 반기는데 바람은 이제 신명이 없네요 언어의 도끼질에 피 흥건한 할미강, 붉은 강 건너 늙은 밤나무 우듬지에 올랐어요 푸른 하늘 빗살구름 보이지 않고 성근 나뭇잎 뼘 한 번 만질 줄 모릅니다 어지러 어지러워 어지러워라 말들의 헹가래 위에 눈을 감습니다 눈 감아도 흐르지 않는 할미강에 서정의 왜가리들, 한 다리 들고 벌을 섰습니다

지도읽기

全紙의 바다에 뜬 아메바
정치망으로 아랫도리 가린 돌기와
점점이 떨어져나간 살점들,
파랗게 흐르는 실핏줄이 잘리고
장마비 맞으며 강안에선
넘실대는 홍수를 구경하는 사람들
거기 파란 색 노란 색 사이
공포와 절망이 같이 흘러가고 있다

저 흐린 욕망들 기호 뒤로 숨고
오만 분의 일로 압축되어
사람의 손에 쥐어주고
민들레 홀씨와 모시나비의 항로
오두막의 적막과 야광나무의 주소
산동네 지그재그 연탄수레길 같은
지도에 그려지지 않은 것들만
해독하는 눈이 있다

적멸보궁

굼 깊은 산길 애돌아드니
한 채 가부좌로 돌아앉은 적멸보궁,
궁은 비어 부처는 어디 갔나
사방 바람에 시펄시펄
욕설법하는 나무들,
저녁 광배 두르시고
키대로 부처로구나
빛나는 숲의 광배 다 스러지고
나한의 어둠이 내리기 전에
내려가라
데리고 온 길 도로 걸어
서둘러 내려가라고,
전나무숲 자욱한 적막이
다시 빗장 열어준다

果園의 잠

달디 단 가을 햇살에 졸던
사과 한 알
깜빡 꼭지를 놓쳐버렸다
쿵 데구르르
사과는 저 혼자 볼 붉혔다

가지는 어느새
다시 오를 수 없는 시공의 높이,
곧 어둠이 내리면
사과의 잠은 서리로 이불 삼으리니
추락하지 않고는 오를 수 없는
온 몸 태우고서야 누울 수 있는
가을의 제단,
첼로의 저음만이 수시로 드나드는
저 지하창고 속 붉은 레퀴엠

이제 향기로운 죽음을
준비할 때다

가뭄

영문도 모른 채 십 수 년을
물 속에 녹아 있던 예안읍
오랜 가뭄 끝에 유해를 드러냈다
소식 듣고 많은 사람들 찾아왔다
더러는 고개 돌리고
더러는 어린 것들 손 잡고
옛 천방 굴렁쇠길 굴리다 간다
아무도 아는 체 하지 않자
잘근잘근 말을 씹던 옛 길은
뻘 속으로 들어 가버린다
허리 휘도록 저 길이 업어나르던
그 어떤 赫赫한 것도 이제
이 성읍에 남아 있지 않다
개망초꽃들 새로 마을 이루고 있다

숲의 예물

따순 햇살 아래
청솔로 곱게 빗질한 다람쥐
밤톨을 돌리고 있다
물기 도는 눈에
참나무숲 사잇길로
젊은 전도사 자전거 간다
가랑잎들 한웅큼씩 쌓일수록
한 뼘씩 넓어지는 하늘,
예배당에서 기다리던 예수가
숲으로 왔다
툭, 툭
상수리나무가 예물을 바치자
바람은 너른 이파리 풍금을 탄다
연중 가장 경건한 제사가
막 숲에서 드려지고 있다

영덕 가는 길

4월 영덕길
성 금요일의 가파른 벼랑길,
지고 갈 육신이 무거워
똬리 튼 어둠아 너만 가시라
가랫재 밀고 황장재 열어
붉은 복사꽃에 타 죽고
희고 환한 빛 살아 오시라

꽃들의 미혹 헤치고 헤쳐
마침내 파스텔의 봄 바다
포개졌다 오는 길,
황장재 도로 닫고 가랫재 굽이굽이
복사꽃 진 자리에 환-한 배꽃
가슴에도 먼 바다
하나 둘 어등이 돋아난다

항아리

수천 수만 번 짓밟고 저벅이는 반죽과 매질을 견디어 마침내 불의 제단에 누웠다 사흘 만에 우물가에서 만난 열이레 달

오, 희고 둥근 예수여

西行이 필요할 때

송재학

70년대 후반 붉은 적벽돌 건물의 의과대학 시절 권세홍은 '서쪽'의 현상이라는 정서로 나에게 다가왔다. 질풍노도의 시화전이나 시품평회에 등장하는 권세홍의 시에서 서쪽은 그의 몫이었다. 서쪽은 일찍 미당의 「귀촉도」에서 "진달래 꽃비오는 서역 삼만리"인 아득한 천축땅이었다. 언젠가 한 번 가야할 땅의 이미지였기에 향기로운 내세의 느낌이 강한 곳이었다.

김춘수에게로 와서 서쪽은, 'ㅅ' 음가가 보여주는 마찰하는 무성음으로 이룩된 자음으로서의 무의미와 의미 사이에서 움직이는 진자운동이었다. 김춘수에게 서쪽은 이 곳이 아닌 '대상을 놓친 서술적 심상'의 의미였지만 이왕의 우리 근현대시의 서쪽이 축적한 이미지를 완전히 벗기지는 못했다. 김춘수의 영향이었을까. 대구에서도 서쪽의 향수가 있었다. 권기호가 1970년 상재한 첫시집이 『서쪽의 풍경』, 권기호는 예

민한 청년 권세홍의 의예과 문학서클의 지도교수였다. 김춘수의 족보를 따라가면 70년대 대구에서 김춘수의 세례를 받지 아니한 시인은 드물 것이다. 하지만 특이하게도 김춘수의 이른바 '말의 트레이닝'이란 측면에서의 무의미시론의 계승자는 없고 언어미학으로서의 계보만 가득하다. 권국명의 「무명고」 연작과 이하석 초기시의 놀랍고 진지한 언어와 박정남의 성적 페소나 역시 세련된 김춘수의 언어교실이 기원이라 할 수 있다.

"버드나무숲에서 펼쳤던/강은교나 오규원의 시집, 누구였든지/눈부시게 푸르던 청춘(「흰 목덜미」)"의 향유자였던 권세홍 역시 의과대학 시절 자주 서쪽의 정서에 집착했다. 그래서 "내 시는/말없는 돌碑들의 음각,/西向에 빚지고 있다(「내 시는」)"는 구절은 필연이었을 것이다. 청년 권세홍의 시에서 서쪽은 김춘수와 서정주 사이를 오가는 시적이고 비의적인 공간이었다. 그때 대구는 〈자유시〉의 시대였다. 동인지 〈자유시〉의 시가 어떤 텍스트보다 더 자주 읽혔다. 그 말은 언어미학자 김춘수의 넓은 영향력을 의미한다. 그리고 훌쩍 30년의 시간이 흘러 다시 권세홍의 시들을 읽는다. 젊은 날 내가 읽었던 권세홍의 시선은 놀랍게도 변하지 않았다. 그의 수줍은 시선은 아직도 순결한 사물의 옆,

즉 서쪽을 응시하고 있다.

> 우리에게 램프는 없다.
> 닦아 둘 등피도
> 그을음도 없는 밤,
> 수줍게 마중 나오던
> 그 떨리는 불꽃도 없다
> 대낮과 칠흑의 어둠 사이에
> on/off,
> 우린 작은 단추로 갇혔다
> —「램프와 흔들의자」 부분

70년대식의 서정법이다. 김춘수가 그러했고 자유시가 그러했듯이 서정적 자아는 주지적이다. 사금파리 광택 같은 느낌이 먼저 다가온다. 시적 발화자의 성격은 분명하다. 램프로 상징되는 70년대와 'on/off'로 말해지는 현재와의 시공간적 간격이 발화자의 시선이다. 램프 불꽃의 정서가 그립다는 밑그림은 독자가 쉽게 다가가도록 그려져 있다. 모더니즘이란 말이 필요 없을 정도로 서정적 자아가 더 발현/발달되어 있다. 주지적인 발화자의 모습은 이후 그의 시집 전체에서 숨어버려 점차 희미해진다.

낯선 골목에서 만난
한 때 살았던 것 같은 그 집
원이엄마 편지* 행간을 물들인
능소화 붉은 꽃그늘처럼
서까래나 아자문살에
경어체 옛말이 묻어나는 집
반쯤 열어둔 대문으로
바람이 들락거려도 짖지 않는
늙은 개가 사는 집
주인이 집 비운 사이
노을이 회벽에 마음껏 덧칠해도
능소화처럼 잠시 붉어지기만 하는
그 집
—「능소화 붉은 집」 전문

「능소화 붉은 집」의 해석본으로 다시 「능소화 붉은 집」을 선택하면 될 것이다. 발화자와 청자가 일치하는 서정의 공간이다. 살던 곳을 떠나 오래 떠돌다가 우리가 부딪치는 향수의 지점, 노을이 생각을 부추기며 회벽을 붉게 물들이는 지점, 바로 데자뷰이다. 데자뷰란 향수가 병으로 바뀌기 전에 향수를 치유하는 메카니즘이란 주장도 있지만 이 시 역시 향수의 확산이란 점에서 데자뷰의 상상력이다. 자세히 보면 권세홍이 자주 들락거리는 시적 공간 역시 데자뷰가 붙잡는 곳이다. 우선 '원이엄마 편지' 라는 행간이다. '원이엄마 편지' 는 주에 의하면 "안동시 정상동 무덤에서 발견된 420년 전 언문편지"이다. 원이엄마는 "죽은 남편에 대한 애절한 사랑을 담"은 언문편지의 주인공이다. 이제 "서까래나 아자문살에/경어체 옛말이 묻어나는" 기와집들이 많은 경북북부지역이 권세홍 일가의 세거지인 것도 알겠고, 권세홍이 원이엄마 같은 지극한 사랑의 방식에 매혹되어 있다는 것도 눈치챌 수 있겠다. 화자와 연관된 경북북부지역의 산수를 보자면:

佳松, 그 이름에 풍경 포개지고
풍경에 내 마음 포개지고

풍경 속
노루 뒷간만한 정자 하나
눈에 밟히고 밟히다
그 자취도 영영 쓰러지고

봄 가고,
여름 가을 가고

겨울 지나

가송 지나
청량산
—「가송 지나 청량산」 전문

가송이나 청량산이란 지명을 몰라도 혹은 묵독이나 낭송에 관계없이 자연스러운 연상이 가능한 시편이다. 가송은 안동 북쪽 청량산 인근의 호젓한 강마을, 조선 중기 금난수의 빼어난 미의식을 보여주는 고산정이 있는 곳이다. 퇴계의 영향으로 조선시대 사대부의 문집에서 가장 많이 거론된 산이 바로 청량산, 청량산은 유학자들의 성지인 곳이다. 그곳의 높은 산과 깊은 물을 권세홍은 극도의 압축법으로 드러내고 있다. 고역과 저음을 다 깎아버린 것이 아니라, 고역과 저음은 독자의 몫으로 되돌리고 여백이 많은 문인화처럼 병풍같은 풍경을 몇 폭으로 보여준다. 가송과 청량산 사이 시간의 순환이 풍경을 만들고 있다. 마치 시간이 가송과 청량산의 주인인 것처럼. 그리하여 사계라는 시간을 통과해야만 가송과 청량산 도달이 가능하다. 그때 시간 또한 공간성을 가지는 것처럼 특정 공간 또한 시간성을 획득하는 순간이다. 청량산이 쉽게 접근 가능한 공간이 아님을 보여주면서 또한 시간이 청량산의 가독성을 느리게 하면서 시 전체를 몇 겹으로 느리게 만든다.

시간이 허락한 이 아늑한 공간 여행의 끝 청량산 말미에 독자는 자신의 이름을 덧붙이고픈 느낌이 든다.

비 그치자 무릉 들판에
회나무 한 그루
웅숭깊게 서 있다
검은 묵주의 새떼 쏟아져 나와
저녁 속으로 박히고
한 줌 그림자로 바뀐 회나무
산비탈 오두막에는 오랫동안
노을 다스려온 노인이
회나무 그림자에 막 궐련불 당긴다
이런 날 밤에는 남정네들 꿈에
가근방에서 色 잘 쓰는
노을도 찾아들 것이다
—「무릉 풍경」 전문

권세홍이 의지한 유가적 세계관의 담담함이 가송 시편처럼 늘 편안한 상태만은 결코 아니다. 안동 인근의 무릉에서 권세홍이 읽어낸 것은 가송 반대쪽, 늙고 어두운 회나무의 불편한 그림자이다. 비장한 세계관이 가장 놀라운 대위법의 상상력을 빌려 탄생했다. 늙은 회나무와 노인이 있고, 회나무와 검은 새떼의 대비가 있고, 노을과 켤련 불빛의 응시가 있고, 그리고 색과 노을의 겹침이 있다. 앞의 어두운 세계는 뒤쪽 색과 노을에 이르러 융합되고 포용되었으며 노인은 무심한 남정네로 순환되었다. 앞 쪽의 비극은 둘다 같이 어두워진다는데 있다. "회나무 한 그루/웅숭깊게 서 있다" 싶더니 "검은 묵주의 새떼 쏟아져 나와/저녁 속으로 박히고"라는 구절은 비극의 점층법이다. 다시 회나무는 산비탈 오두막의 노인으로 치환되어 담배를 피운다. 그 담뱃불은 다시 노을이라는 붉은색과 오버랩되면서 비로소 노인은 자연의 일부분으로 편안하게 노을을 응시한다. 두툼한 목판화의 묘사법을 빌렸다. "이런 날 밤에는 남정네들 꿈에/가근방에서 色 잘 쓰는/노을도 찾아들 것"이라는 행에 이르러 갈등은 생의 순환 구조 속에 삭여 들어간다. 갈등이 해소되거나 시나브로 사라지는 것이 아니라 생과 자연의 수레바퀴 속에 자연스럽게 섞이는 것이다. 순환적 시간의 반대개념인 선형적 시간에서 결코 오지 않을 각성이다. 그 생과 자연에 대한 또 다른 순정한 고백;

길이 끝나고서야 솟은 병산
만대루 계자 난간에 기대
물 위에 뜬

병산 건져 보시라
—「병산에 이르러 길은 끝나고」 부분

길이 끝나고서야 보이는 병산, 하지만 화자는 수면에 얼비치는 병산에 더 애정을 던진다. 실제의 병산과 물 위의 병산은 순환하고 있다. 어느 땐 물 위의 병산이 실제의 병산이기도 했다. 달의 뒷면은 결코 볼 수 없기에 달의 뒷면 같은 물 위의 병산이 더 본질적일지 모른다. 물 위의 병산은 병산/삶의 허상이 아니라, 실제의 병산/삶이 허상이라는 것을 은유 속에 삽입한다. 물 위의 병산을 온 몸으로 건져 보시라고 권유하는 이 청유형의 시집 속에는 과연 권하고, 열고, 보여주고픈, 사물과 세계를 떠받치는 시렁 위의 서정이 가득하다.

가을이 몽당 빗자루만큼 남았든지
—「꿈에서도 가을해는」에서

간밤에 이파리의 남은 수사마저 털어버린
—「겨울나무」에서

생전처럼 정성스레 아침 한 상,
소리로 차려 주시나보다
—「소리 한 상」에서

가슴에도 먼 바다
하나 둘 어등이 돋아난다
—「영덕가는 길」에서

나의 이목은 저 겨울산 이마 같아라
—「清福이여」에서

인용한 구절은 권세홍의 뛰어난 언어 감각을 드러낸 시편인데, 모두 기존의 서정시의 질서인 비유와 상징을 충실히 따르고 있다. 그는 서정시의 문법을 훌쩍 뛰어넘으려 하지 않는다. 「항아리」에서 "수천 수만 번 짓밟고 저벅이는 반죽과 매질을 견디어 마침내 불의 제단에 누웠다 사흘 만에 만난 열이레 달"의 발화자가 "오, 희고 둥근 예수여"라고 낮고 단호하게 고백하는 구절이 눈에 들어온다. 「항아리」 또한 「무릉 풍경」의 융화세계와 비슷한 구조라고 짐작할 수 있다. 근본적으로 권세홍은 밝은 세계관에 속하는 시인이다. 이 세계관의 심리는 시, 또는 생을 필사적으로 온 몸으로 밀고 나가지 않는다. 좌고우면하는 대신 단순하고 밝은 긍정의 힘을 사물에서 찾아낸다. 그건 단점이자 장점일 수 있는 이 복잡한 생의 한 부분이다. 그래서

어지러 어지러워 어지러워라 말들의 헹가래 위에 눈을

감습니다 눈 감아도 흐르지 않는 할미강에 이 시대 서정의 왜가리들, 한 다리 들고 벌을 섰습니다

—「할미강 抒情」 부분

라는 말에 대한 불신, 또는 서정에 대한 불신의 행간에서 그는 자신을 오히려 질책한다. 서정에 대한 의문 역시 전통 서정시의 방식으로 접근하고 있다. 대신 그는 "생전에 기르시던 소리들 하룻밤 代哭하고 있다(「소리 한 상」)"라는 사모곡에 동기감응하여 자연에의 사모곡을 유장하게 적는다.

시월 못둑에는 늙은 미루나무 둥치를 저녁 안개가 어루만집니다 수로로 또 한 해의 못물이 흘러들고 들판에는 그리움 자욱하게 일고 있습니다 못 속에 영원한 어머니 한 분 모셔 둔 채 또 한 해 꽃이 뚝,뚝 지고 있습니다

—「가을 편지」 부분

못 속의 '영원한 어머니'로부터 잉태된 자연/서정에의 경사는 그가 오랜 시간 힘겹게 걸어간 서쪽이다. 아마도 다음 시집은 그 어머니/자연에 대한 직접적인 언술로 가득하지 않을까 짐작한다. 사물의 비밀에 깊이 다가가려는 권세홍에게 이제 더 가혹한 西行만 남았다고 사족으로 덧붙인다.

권세홍

1955년 경북 영천에서 태어나
경북대학교 의과대학 졸업, 동 대학원 수료하다.
1989년 『시와 의식』으로 등단하였고, 〈수화〉 동인으로 활동하다.
현재 안동병원 영상의학과장으로 있다.

능소화 붉은 집

초판 1쇄 펴낸 날 / 2009년 6월 30일

지은이 / 권 세 홍
펴낸이 / 박 진 환

펴낸 곳 / 만인사
등록번호 / 1996년 4월 20일 제03-01-306호
주소 / (우)700-813 대구광역시 중구 대봉2동 743 7
전화 / (053)422-0550
팩스 / (053)426-9543
홈페이지 / www.maninsa.co.kr

ISBN 978-89-6349-004-5 03810

값 7,000원